AF575494

Bilingual Edition English-Spanish
Edición Bilingüe Inglés-Español
PREPARING FOR SEVERE WEATHER
PREPARING FOR A HURRICANE
PREPARANDONOS PARA UN HURACÁN
Coral Martincavage

2001 SW 31st Avenue
Hallandale, FL 33009
www.mitchelllane.com

First Edition, 2020.

Author: Coral Martincavage
Designer: Ed Morgan
Editor: Miriam Comer

Little Mitchie is an imprint of Mitchell Lane Publishers.

Names/credits:
Title: Preparing for a Hurricane/Preparandonos para Un Huracán
by Coral Martincavage
Description: Hallandale, FL :
Mitchell Lane Publishers, [2020]

Series: Preparing for Severe Weather
Library bound ISBN: 9781680204452
eBook ISBN: 9781680204469

Photo credits: Freepik.com, Shutterstock, ready.gov

CONTENTS
CONTENIDO

The ocean is warm.
The wind blows and blows.
The rain is heavy.
A hurricane is coming!

El océano es cálido.
El viento sopla y sopla.
La lluvia es pesada
¡Se acerca un huracán!

It is hot outside. We live near a tropical ocean. We hear "A hurricane is coming!"

Hace calor afuera. Vivimos cerca de un océano tropical. Oímos "¡Se acerca un huracán!"

We listen to meteorologists. Meteorologists study weather. They predict where the hurricane will go.

Escuchamos a los meteorólogos. Los meteorólogos estudian el clima. Ellos predicen a dónde irá el huracán.

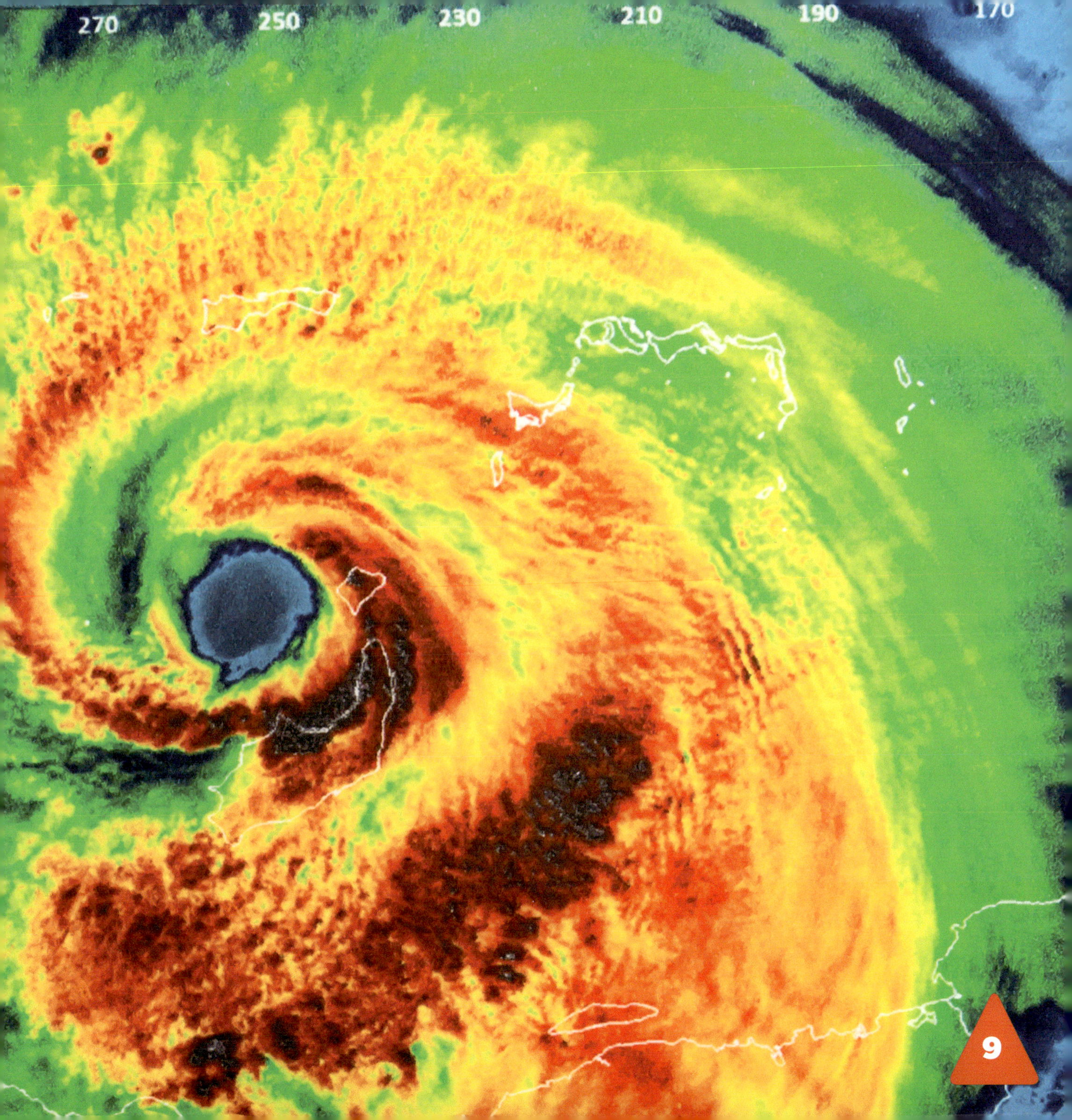
270
250
230
210
190
170

We pack a bag, in case we evacuate. We evacuate if we are in danger. A hurricane is coming!

Empacamos una bolsa, en caso de evacuar. Evacuamos si estamos en peligro. ¡Se acerca un huracán!

HURRICANE
COMING
EVACUATE
NOW!

We put gas in our car. We prepare an emergency kit. We keep flashlights, batteries, and blankets near. A cell phone and a battery powered radio will help us.

Ponemos gasolina en nuestro coche. Preparamos una bolsa de emergencia. Mantenemos cerca linternas, pilas y mantas. Un teléfono celular y una radio a batería nos ayudarán.

SOLINE

We get lots of canned food. We keep bottled water close. A hurricane is coming!

Tenemos mucha comida enlatada. Mantenemos cerca el agua embotellada. ¡Se acerca un huracán!

FIRST AID KIT
MENU

The power went out. We play quiet games indoors. Our pets are scared, but safe.

Se fue la energía. Jugamos juegos tranquilos en el interior. Nuestras mascotas están asustadas, pero seguras. El viento sopla más fuerte.

The wind blows harder. The rain falls loudly. The trees shake. Leaves are flying. A hurricane is here!

La lluvia cae ruidosamente. Los árboles tiemblan. Las hojas vuelan. ¡Un huracán está aquí!

Our big tree fell. Leaves and branches are everywhere. It is **flooded**. We do not walk or play in flooded waters. The hurricane damaged our neighborhood. We will rebuild. A hurricane was here!

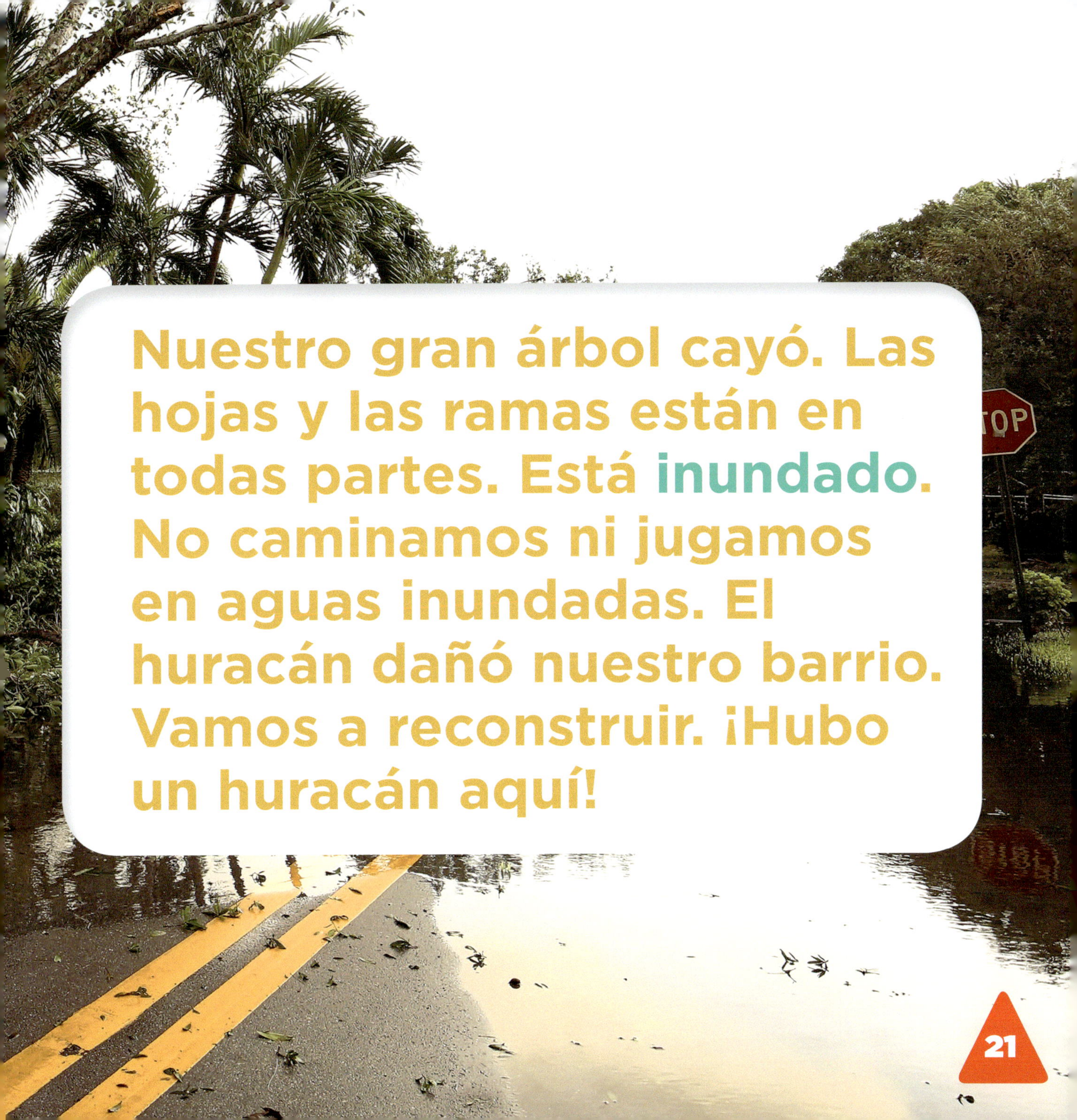

Nuestro gran árbol cayó. Las hojas y las ramas están en todas partes. Está **inundado**. No caminamos ni jugamos en aguas inundadas. El huracán dañó nuestro barrio. Vamos a reconstruir. ¡Hubo un huracán aquí!

Build a Hurricane Supply Kit
Construir un Kit de Suministro de Huracán

- [ ] **Non-perishable food** Alimentos no perecederos
- [ ] **First aid kit** Botiquín de primeros auxilios
- [ ] **Batteries** Baterias
- [ ] **Matches** La mecha
- [ ] **Toothbrush, toothpaste, soap** Cepillo de dientes, pasta de dientes, jabón
- [ ] **Water** Agua
- [ ] **Radio** Radio
- [ ] **Sleeping bags** or **warm blankets** Sacos de dormir o frazada calientes
- [ ] **Flashlights** Linternas
- [ ] **Can opener** Abrelatas
- [ ] **Local maps** Mapas locales
- [ ] **Pet supplies** Materiales para mascotas
- [ ] **Baby supplies** Materiales para bebes

INTERESTING FACTS
DATOS INTERESANTES

Did you know that every hurricane is given a special name? The World Meteorological Organization (WMO) gives each storm a unique name. Giving each storm a name helps communicate information quickly. Meteorologists name storms alphabetically each year. Storms whose name begins with the letter "A" are the first to occur in the year. If a hurricane is particularly dangerous, the name is retired and replaced by another one.

¿Sabías que cada huracán recibe un nombre especial? La Organización Meteorológica Mundial (OMM) le da a cada tormenta un nombre único. Darle a cada tormenta un nombre ayuda a comunicar información rápidamente. Los meteorólogos nombran tormentas alfabéticamente cada año. Las tormentas cuyo nombre comienza con la letra "A" son las primeras en ocurrir en el año. Si un huracán es particularmente peligroso, el nombre se retira y se reemplaza por otro.

Glossary
Glosario

evacuate
To leave an unsafe area
evacuar
Dejar un área insegura

flooded
Overflow of water
inundado
Desbordamiento de agua

meteorologist
Scientist who studies the atmosphere, weather, and climate
meteorólogo
Científico que estudia la atmósfera, el clima y el clima

power
The electricity that people use
energia
La electricidad que usa la gente

FURTHER READING
OTRAS LECTURAS

Gibbons, G. (2010). *Hurricanes!* Holiday House.

Gregory, J. and Kennedy, K. (2017). *If you were a kid surviving a hurricane.*

Mercier, Deidre McLaughlin (2006). *Yesterday We Had a Hurricane.*

INDEX
ÍNDICE

ABOUT THE AUTHOR
SOBRE EL AUTOR

Coral Martincavage grew up in Miami, Florida where hurricanes are very common. She specifically remembers Hurricane Andrew, which came on her birthday. Hurricane Andrew affected her family's business when she was a young girl. She hopes this book will comfort children as families prepare for hurricanes. More importantly, she wants it to serve as a reminder to help one another, especially during a time of crisis.

Coral Martincavage creció en Miami, Florida, donde los huracanes son muy comunes. Ella recuerda específicamente el huracán Andrew, que llegó en su cumpleaños. El huracán Andrew afectó el negocio de su familia cuando ella era una niña. Ella espera que este libro consuele a los niños mientras las familias se preparan para los huracanes. Y lo que es más importante, quiere que sirva de recordatorio para ayudarse mutuamente, especialmente durante un momento de crisis.